AF221712

Impressum
Verlag: BABADADA GmbH, Nedderfeld 112 , 22529 Hamburg
Geschäftsführer / Verlagsleitung: Harald Hof
Druck: Books on Demand GmbH, In de Tarpen 42, 22848 Norderstedt

Imprint
Publisher: BABADADA GmbH, Nedderfeld 112 , 22529 Hamburg, Germany
Managing Director / Publishing direction: Harald Hof
Print: Books on Demand GmbH, In de Tarpen 42, 22848 Norderstedt, Germany

school

la escuela

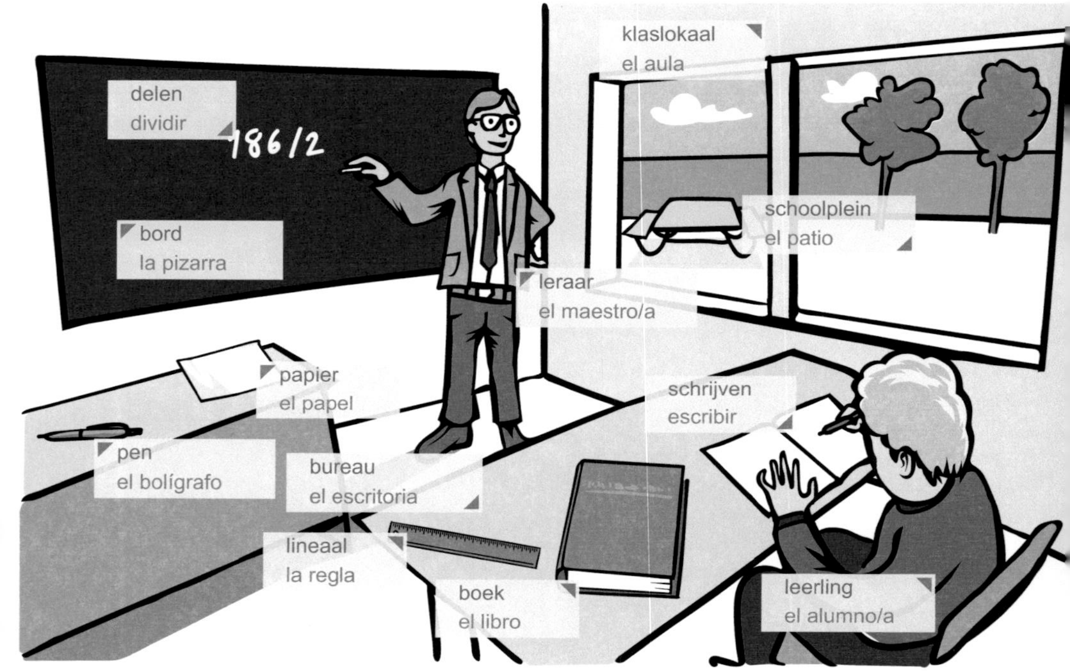
klaslokaal
el aula
delen
dividir
186/2
bord
la pizarra
leraar
el maestro/a
schoolplein
el patio
papier
el papel
schrijven
escribir
pen
el bolígrafo
bureau
el escritoria
lineaal
la regla
boek
el libro
leerling
el alumno/a

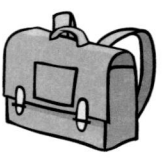

schooltas

la cartera

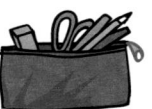

etui

la caja de lápices

potlood

el lápiz

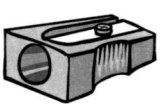

puntenslijper

el sacapuntas

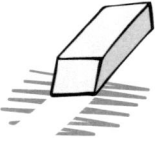

gum

la goma de borrar

schetsblok

el cuaderno de dibujo

tekening

el dibujo

penseel

el pincel

verfdoos

la caja de pinturas

schaar

las tijeras

lijm

el pegamento

schrift

el cuaderno de ejercicios

huiswerk

los deberes

getal

el número

optellen

sumar

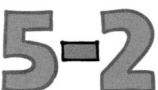

aftrekken

restar

vermenigvuldigen

multiplicar

rekenen

calcular

letter

la letra

alfabet

el alfabeto

woord

la palabra

tekst

el texto

lezen

leer

krijt

la tiza

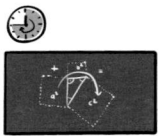

les

la lección

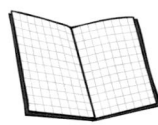

klassenboek

el cuaderno de notas

examen

el examen

diploma

el certificado

schooluniform

el uniforme

opleiding

la educación

encyclopedie

la enciclopedia

universiteit

la universidad

microscoop

el microscopio

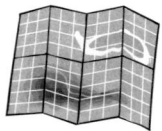

kaart

el mapa

prullenmand

la papelera

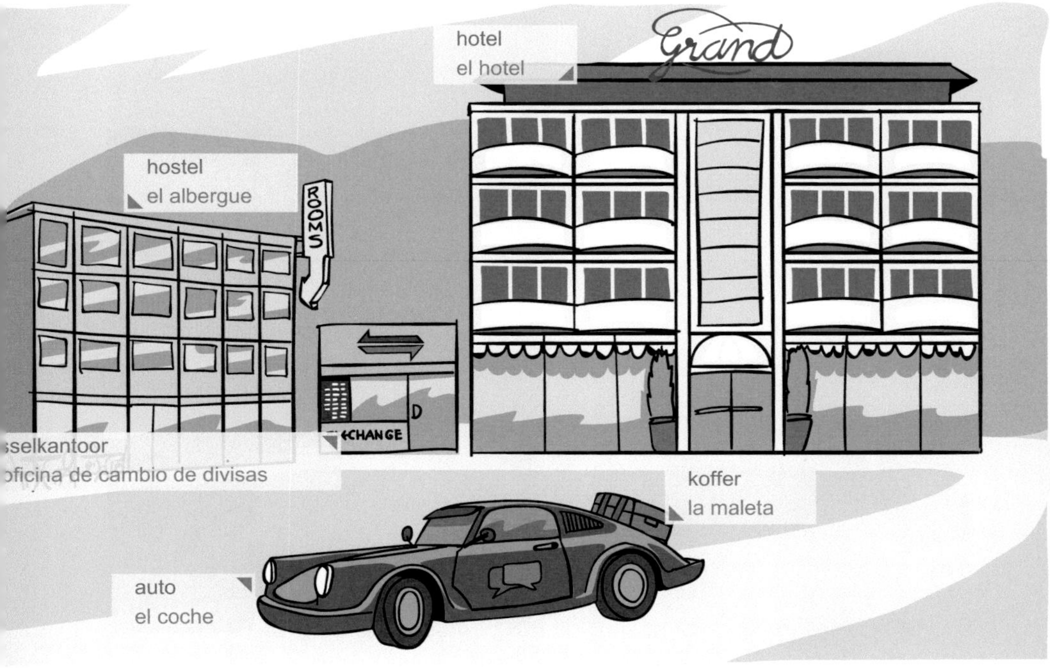

hotel
el hotel
Grand
hostel
el albergue
ROOMS
EXCHANGE
sselkantoor
oficina de cambio de divisas
koffer
la maleta
auto
el coche

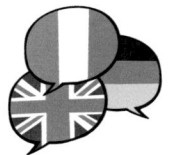

taal
el idioma

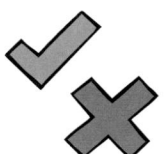

ja / nee
sí / no

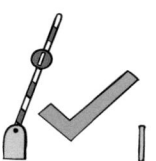

oké
Vale

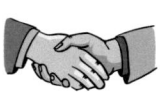

Hallo!
hola

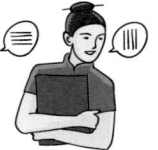

tolk
el traductor

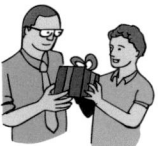

Bedankt.
Gracias

Wat kost ...?

¿cuánto es…?

Ik begrijp het niet.

No entiendo

probleem

el problema

Goedenavond!

¡Buenas tardes!

Goedemorgen!

¡Buenos días!

Goedenacht!

¡Buenas noches!

Tot ziens!

adiós

richting

la dirección

bagage

el equipaje

tas

la bolsa

rugzak

la mochila

gast

el invitado

kamer

la habitación

slaapzak

el saco de dormir

tent

la tienda de campaña

VVV-kantoor

la información turística

strand

la playa

creditkaart

la tarjeta de crédito

ontbijt

el desayuno

lunch

el almuerzo

diner

la cena

kaartje

el billete

lift

el ascensor

postzegel

el sello

grens

la frontera

douane

la aduana

ambassade

la embajada

visum

la visa

paspoort

el pasaporte

transport
el transporte

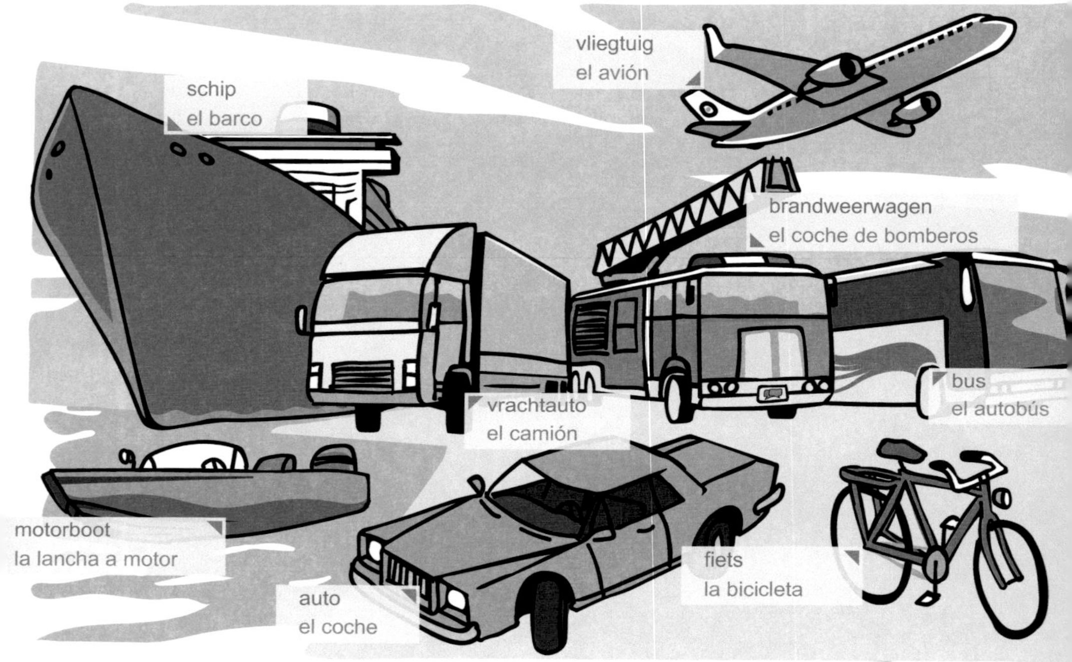
vliegtuig
el avión
schip
el barco
brandweerwagen
el coche de bomberos
bus
el autobús
vrachtauto
el camión
motorboot
la lancha a motor
fiets
la bicicleta
auto
el coche

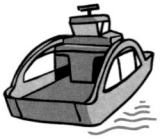

veerboot

el transbordador

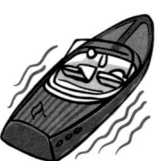

boot

la barca

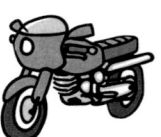

motorfiets

la moto

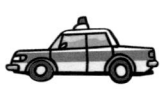

politiewagen

el coche de policía

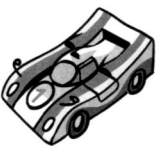

raceauto

el coche de carreras

huurauto

el coche de alquiler

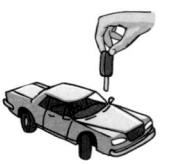

carsharing

el préstamo de vehículos

takelwagen

la grúa

vuilniswagen

el camión de la basura

motor

el motor

benzine

la gasolina

benzinepomp

la gasolinera

verkeersbord

la señal de tráfico

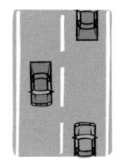

verkeer

el tráfico

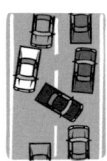

file

el atasco

parkeerplaats

el aparcamiento

station

la estación de tren

rails

las vías

trein

el tren

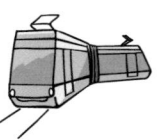

tram

el tranvía

wagon

el vagón

helikopter

el helicóptero

luchthaven

el aeropuerto

toren

la torre

passagier

el pasajero

container

el contenedor

verhuisdoos

la caja de cartón

kar

la carretilla

mand

la cesta

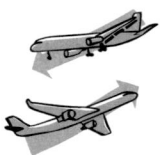

opstijgen / landen

despegar / aterrizar

stad
la ciudad

dorp

el pueblo

stadscentrum

el centro de la ciudad

huis

la casa

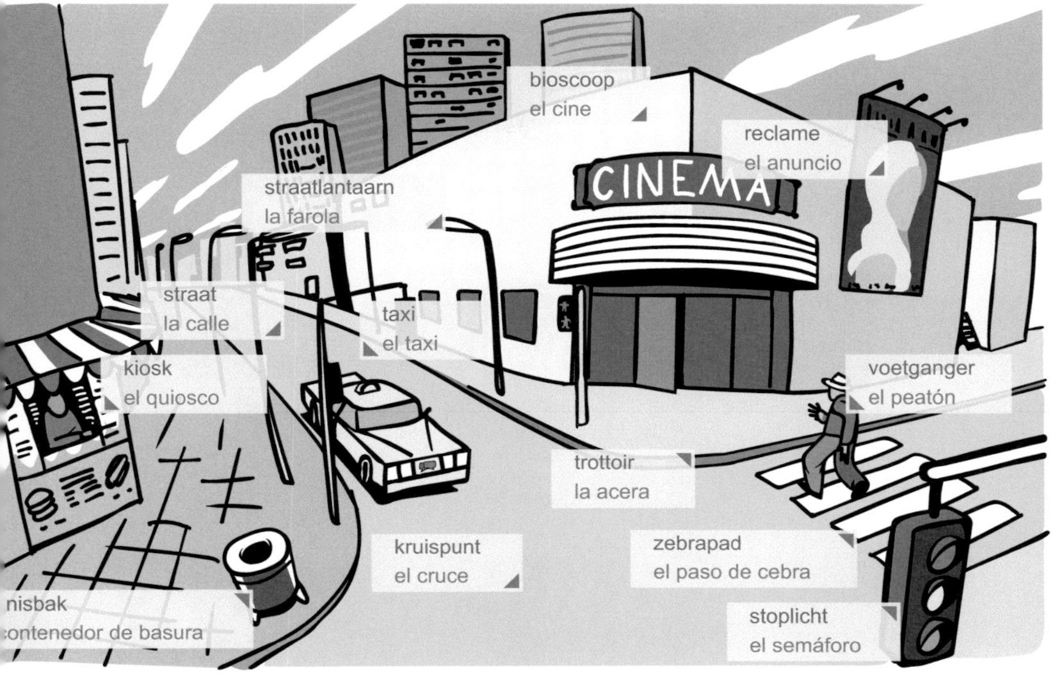

bioscoop
el cine

reclame
el anuncio

straatlantaarn
la farola

CINEMA

straat
la calle

taxi
el taxi

voetganger
el peatón

kiosk
el quiosco

trottoir
la acera

kruispunt
el cruce

zebrapad
el paso de cebra

nisbak
contenedor de basura

stoplicht
el semáforo

hut
la cabaña

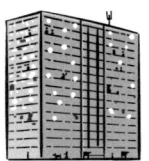

appartement
el apartamento

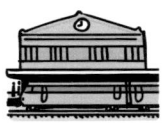

station
la estación de tren

stadhuis
el ayuntamiento

museum
el museo

school
la escuela

universiteit

la universidad

bank

el banco

ziekenhuis

el hospital

hotel

el hotel

apotheek

la farmacia

kantoor

la oficina

boekenwinkel

la librería

winkel

la tienda de campaña

bloemenwinkel

la floristería

supermarkt

el supermercado

markt

el mercado

warenhuis

los grandes almacenes

visboer

la pescadería

winkelcentrum

el centro comercial

haven

el puerto

stad - la ciudad

park

el parque

bank

el banco

brug

el puente

trap

las escaleras

metro

el metro

tunnel

el túnel

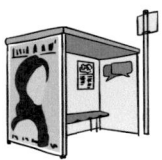

bushalte

la parada de autobús

bar

el bar

restaurant

el restaurante

brievenbus

el buzón

straatnaambord

el poste indicador

parkeermeter

el parquímetro

dierentuin

el zoo

zwembad

la piscina

moskee

la mezquita

stad - la ciudad

boerderij
la granja

vervuiling
la contaminación

begraafplaats
el cementerio

kerk
la iglesia

speelplaats
el patio de juego

tempel
el templo

landschap
el paisaje

blad
la hoja

wegwijzer
la señal

weg
el camino

weide
el prado

steen
la piedra

wandelaar
el excursionista

boom
el árbol

rivier
el río

gras
la hierba

bloem
la flor

vallei

el valle

berg

la colina

meer

el lago

bos

el bosque

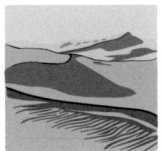

woestijn

el desierto

vulkaan

el volcán

kasteel

el castillo

regenboog

el arcoíris

paddenstoel

el champiñón

palmboom

la palmera

mug

el mosquito

vlieg

la mosca

mier

la hormiga

bij

la abeja

spin

la araña

kever

el escarabajo

kikker

la rana

eekhoorn

la ardilla

egel

el erizo

haas

la liebre

uil

la lechuza

vogel

el pájaro

zwaan

el cisne

wild zwijn

el jabalí

hert

el ciervo

eland

el alce

stuwdam

la presa

windmolen

la turbina eólica

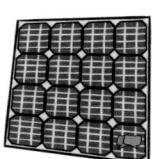

zonnepaneel

el panel solar

klimaat

el clima

restaurant
el restaurante

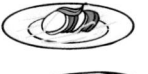

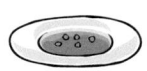

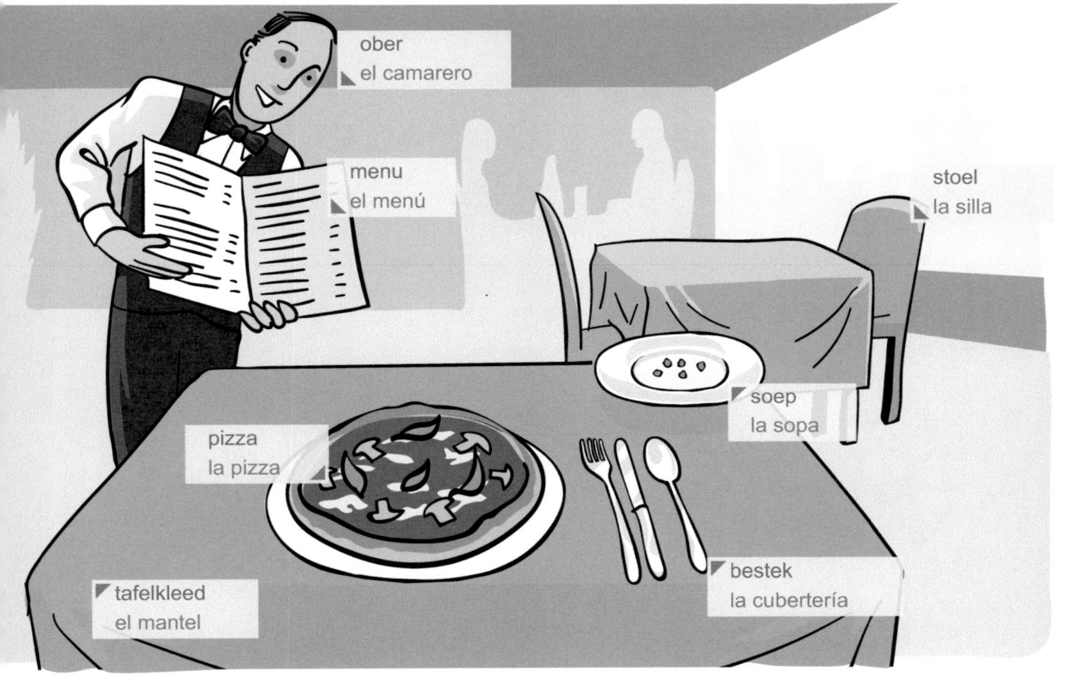

ober
el camarero
menu
el menú
stoel
la silla
soep
la sopa
pizza
la pizza
bestek
la cubertería
tafelkleed
el mantel

voorgerecht
el primer plato

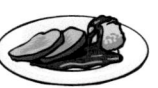

hoofdgerecht
el plato principal

toetje
el postre

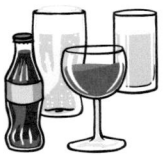

dranken
las bebidas

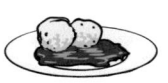

eten
la comida

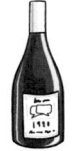

fles
la botella

fastfood

la comida rápida

eetkraampje

la comida callejera

theepot

la tetera

suikerpot

el azucarero

portie

la porción

espressomachine

la cafetera expreso

kinderstoel

la trona

rekening

la cuenta

dienblad

la bandeja

mes

el cuchillo

vork

el tenedor

lepel

la cuchara

theelepel

la cucharilla

servet

la servilleta

glas

el vaso

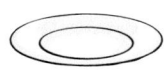

bord
....
el plato

soepbord
....
el plato hondo

schotel
....
el platillo

saus
....
la salsa

zoutvaatje
....
el salero

pepermolen
....
el molinillo de pimienta

azijn
....
el vinagre

olie
....
el aceite

kruiden
....
las especias

ketchup
....
el ketchup

mosterd
....
la mostaza

mayonaise
....
la mayonesa

supermarkt
el supermercado

aanbieding
la oferta especial
FOR
klant
el cliente
zuivelproducten
los lácteos
fruit
la fruta
winkelwagen
el carro de compra

BUTCHERS

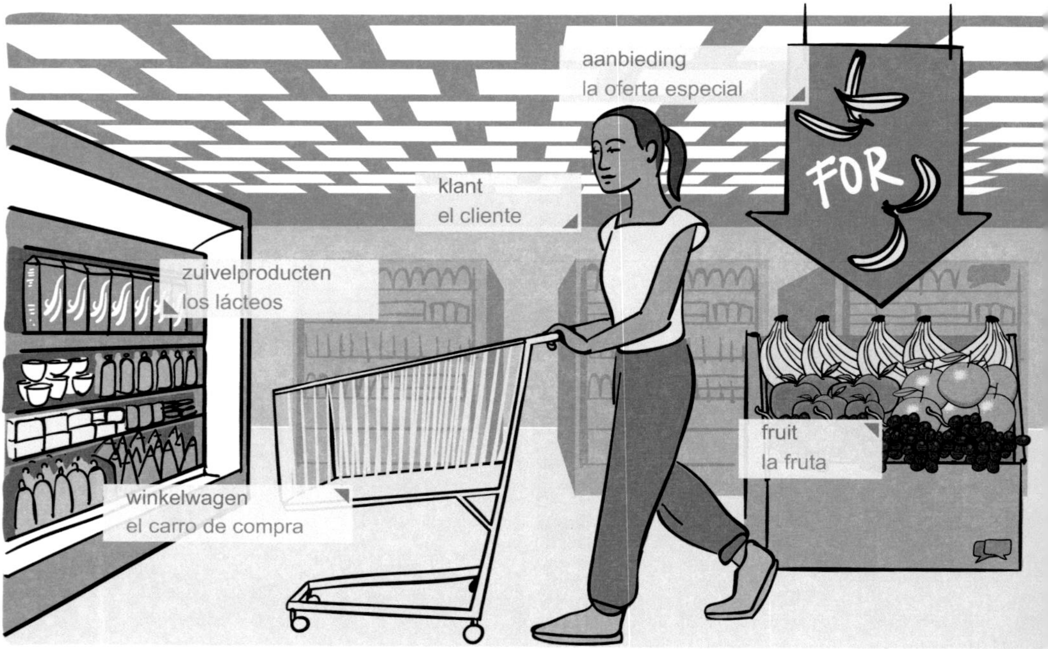

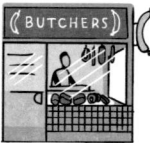

slager

la carniceria

BAKERY

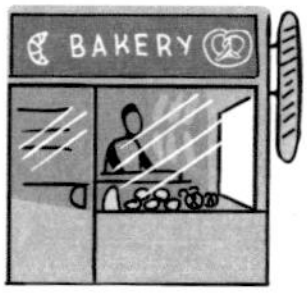

bakkerij

la panadería

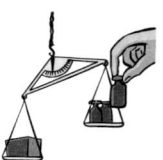

wegen

pesar

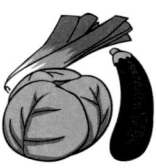

groente

las verduras

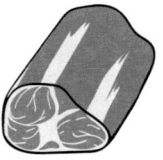

vlees

la carne

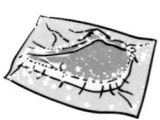

diepvriesproducten

los alimentos congelados

vleeswaren
los fiambres

conserven
las conservas

wasmiddel
el detergente en polvo

snoepgoed
los dulces

huishoudelijke artikelen
productos de uso doméstico

schoonmaakmiddel
productos de limpieza

verkoopster
la vendedora

kassa
la caja de cartón

kassier
el cajero

boodschappenlijstje
la lista de la compra

openingstijden
el horario de atención al público

portefeuille
la cartera

creditkaart
la tarjeta de crédito

tas
la bolsa de plástico

plastic zak
la bolsa de plástico

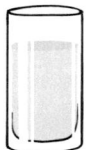

water
....
el agua

sap
....
el zumo

melk
....
la leche

cola
....
la cola

wijn
....
el vino

bier
....
la cerveza

alcohol
....
el alcohol

chocolademelk
....
el cacao

thee
....
el té

koffie
....
el café

espresso
....
el expreso

cappuccino
....
el capuchino

banaan

el plátano

appel

la manzana

sinaasappel

la naranja

watermeloen

el melón

citroen

el limón

wortel

la zanahoria

knoflook

el ajo

bamboe

el bambú

ui

la cebolla

paddenstoel

el champiñón

noten

las avellanas

pasta

los fideos

spaghetti

las espagueti

rijst

el arroz

salade

la ensalada

friet

las patatas fritas

gebakken aardappelen

las patatas fritas

pizza

la pizza

hamburger

la hamburguesa

sandwich

el sándwich

schnitzel

el filete

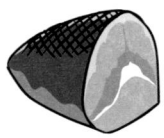

ham

el jamón

salami

le salami

worst

la salchicha

kip

el pollo

gebraad

el asado

vis

el pescado

havermout

los copos de avena

muesli

el muesli

cornflakes

los copos de maíz

meel

la harina

croissant

el cruasán

broodjes

el panecillo

brood

el pan

toast

la tostada

koekjes

las galletas

boter

la mantequilla

kwark

la cuajada

taart

el pastel

ei

el huevo

gebakken ei

el huevo frito

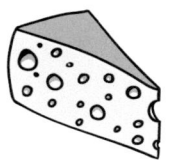

kaas

el queso

ijs

el helado

suiker

el azúcar

honing

la miel

jam

la mermelada

chocoladepasta

la crema de turrón

kerrie

el curry

eten - la comida

boerderij
la granja

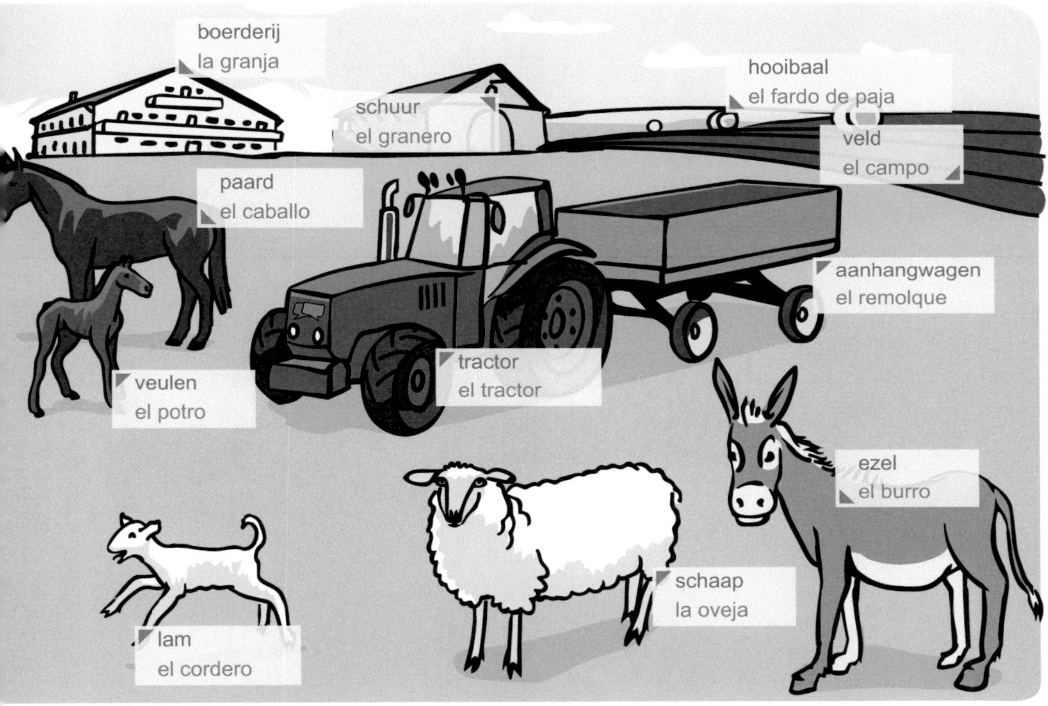
boerderij
la granja
schuur
el granero
hooibaal
el fardo de paja
veld
el campo
paard
el caballo
aanhangwagen
el remolque
tractor
el tractor
veulen
el potro
ezel
el burro
schaap
la oveja
lam
el cordero

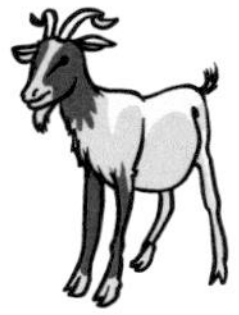

geit

la cabra

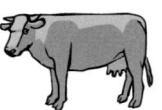

koe

la vaca

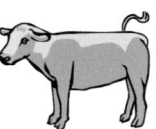

kalf

el ternero

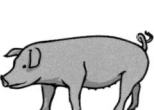

varken

el cerdo

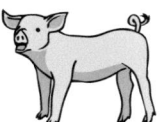

big

el cerdito

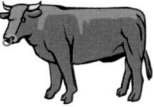

stier

el toro

gans

el ganso

eend

el pato

kuiken

el pollo

kip

la gallina

haan

el gallo

rat

la rata

kat

el gato

muis

el ratón

os

el buey

hond

el perro

hondenhok

la perrera

tuinslang

la manguera

gieter

la regadera

zeis

la guadaña

ploeg

el arado

sikkel

la hoz

schoffel

la azada

hooivork

la horca

bijl

el hacha

kruiwagen

la carretilla

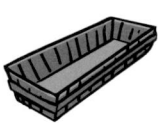

trog

el abrevadero

melkbus

la lechera

zak

el saco

hek

la valla

stal

el establo

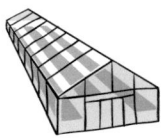

broeikas

el invernadero

grond

el suelo

zaad

la semilla

mest

el fertilizador

maaidorser

la cosechadora

oogsten

cosechar

oogst

la cosecha

yam

el ñame

tarwe

el trigo

soja

el soja

aardappel

la patata

maïs

el maíz

koolzaad

la semilla de colza

fruitboom

el árbol frutal

maniok

la mandioca

granen

las cereales

huis
la casa

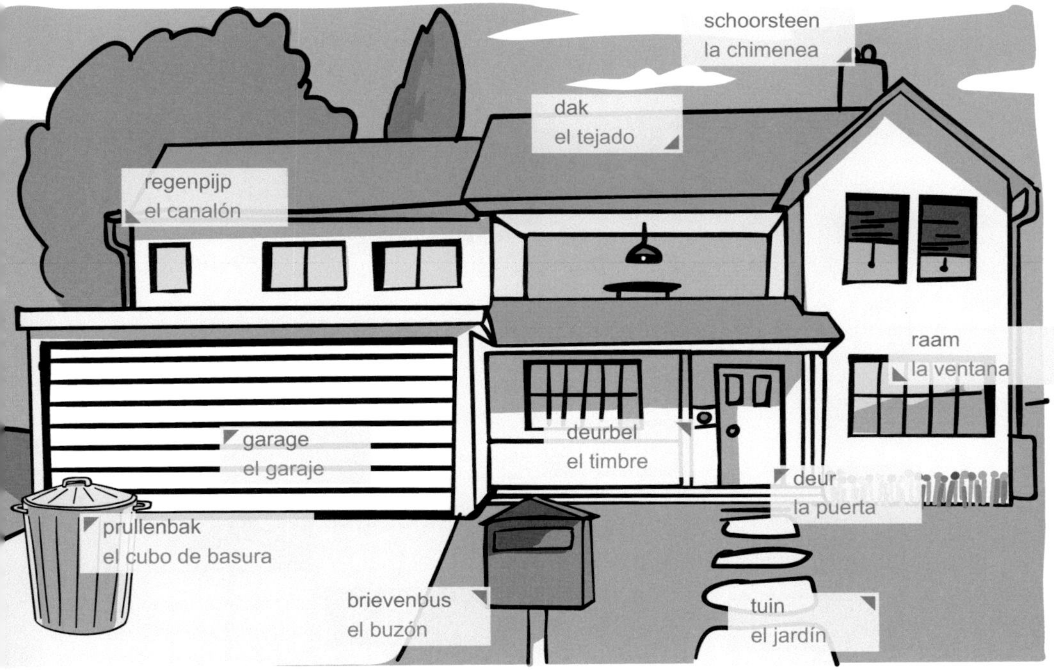
schoorsteen
la chimenea
dak
el tejado
regenpijp
el canalón
raam
la ventana
garage
el garaje
deurbel
el timbre
deur
la puerta
prullenbak
el cubo de basura
brievenbus
el buzón
tuin
el jardín

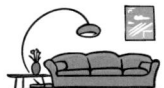

woonkamer

la sala

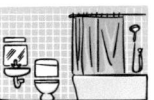

badkamer

el cuarto de baño

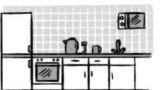

keuken

la cocina

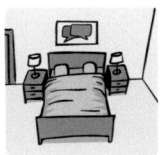

slaapkamer

el dormitorio

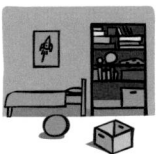

kinderkamer

la habitación de los niños

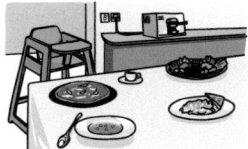

eetkamer

el comedor

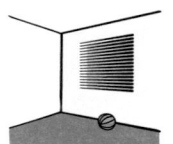

vloer

el suelo

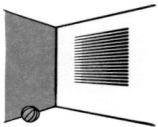

muur

la pared

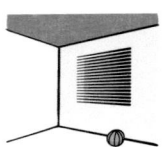

plafond

el techo

kelder

el sótano

sauna

la sauna

balkon

el balcón

terras

la terraza

zwembad

la piscina

grasmaaier

el cortacésped

laken

la sábana

bedsprei

la colcha

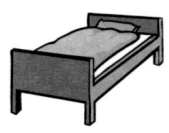

bed

la cama

bezem

la escoba

emmer

el balde

schakelaar

el interruptor

woonkamer
la sala

behang
el papel pintado
foto
la imagen
lamp
la lámpara
plank
el estante
kast
el armario
televisie
la televisión
open haard
la chimenea
bloem
la flor
kussen
el cojín
bankstel
el sofá
vaas
el jarrón
afstandsbediening
el mando a distancia

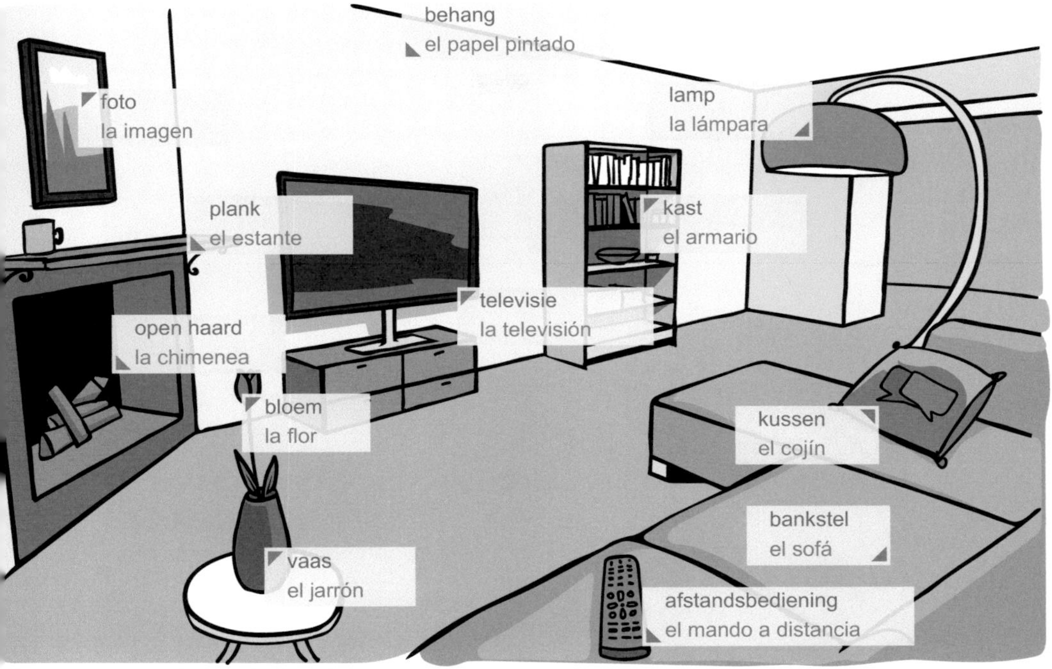

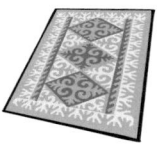

tapijt

la alfombra

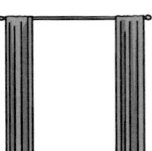

gordijn

la cortina

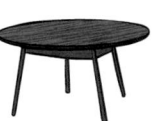

tafel

la mesa

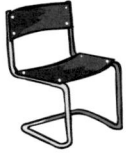

stoel

la silla

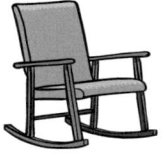

schommelstoel

el mecedora

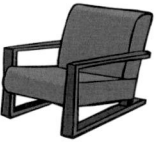

stoel

la butaca

boek

el libro

deken

la manta

decoratie

la decoración

brandhout

la leña

film

la película

stereo-installatie

el equipo de música

sleutel

la llave

krant

el periódico

schilderij

la pintura

poster

el póster

radio

la radio

kladblok

el cuaderno

stofzuiger

la aspiradora

cactus

el cactus

kaars

la vela

keuken
la cocina

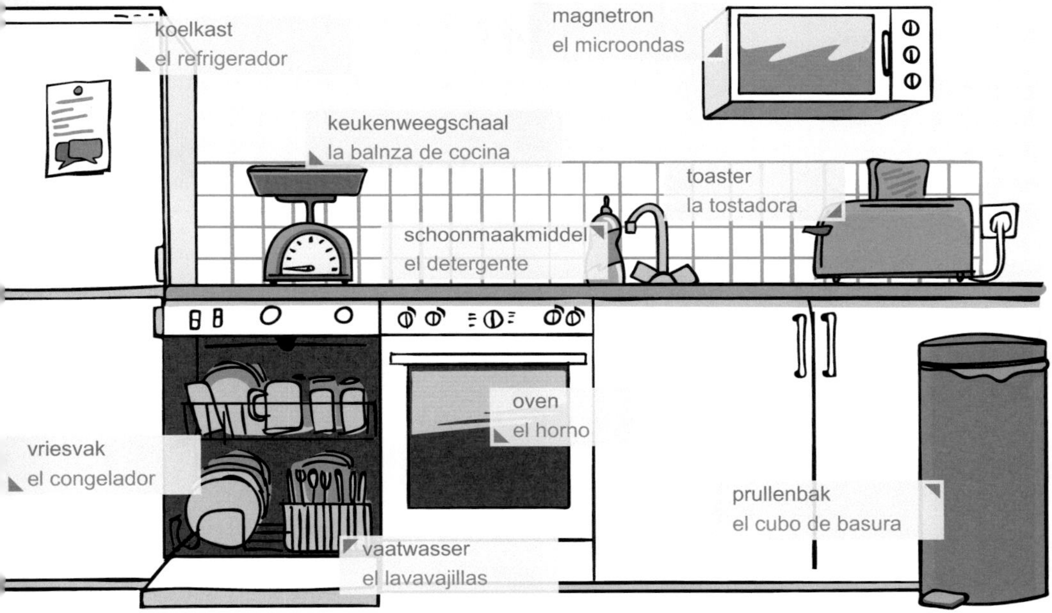

koelkast
el refrigerador
magnetron
el microondas
keukenweegschaal
la balnza de cocina
toaster
la tostadora
schoonmaakmiddel
el detergente
oven
el horno
vriesvak
el congelador
prullenbak
el cubo de basura
vaatwasser
el lavavajillas

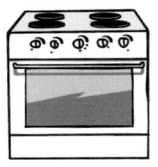

fornuis

la olla a presión

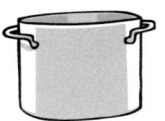

pan

la olla

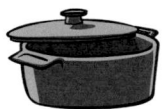

gietijzeren pan

la olla de hierro fundido

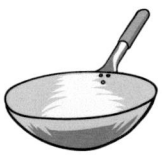

wok / kadai

el wok

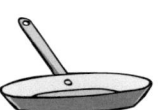

koekenpan

la cazuela

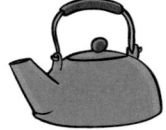

ketel

el hervidor

stoomkoker
la vaporera

bakplaat
la chapa de horno

servies
la vajilla

beker
la taza

kom
el tazón

eetstokjes
los palillos

soeplepel
el cucharón

spatel
la espumadera

garde
el batidor

vergiet
el colador

zeef
el cedazo

rasp
el rallador

vijzel
el mortero

barbecue
la barbacoa

vuurhaard
la hoguera

snijplank

la tabla de picar

deegroller

el rodillo

kurkentrekker

el sacacorchos

blik

la lata

blikopener

el abrelatas

pannenlap

el agarrador

wasbak

el lavabo

borstel

el cepillo

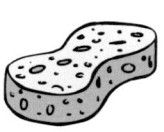

spons

la esponja

blender

la batidora

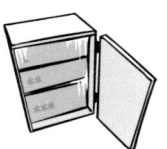

vriezer

el congelador

babyflesje

el biberón

kraan

el grifo

keuken - la cocina

badkamer
el cuarto de baño

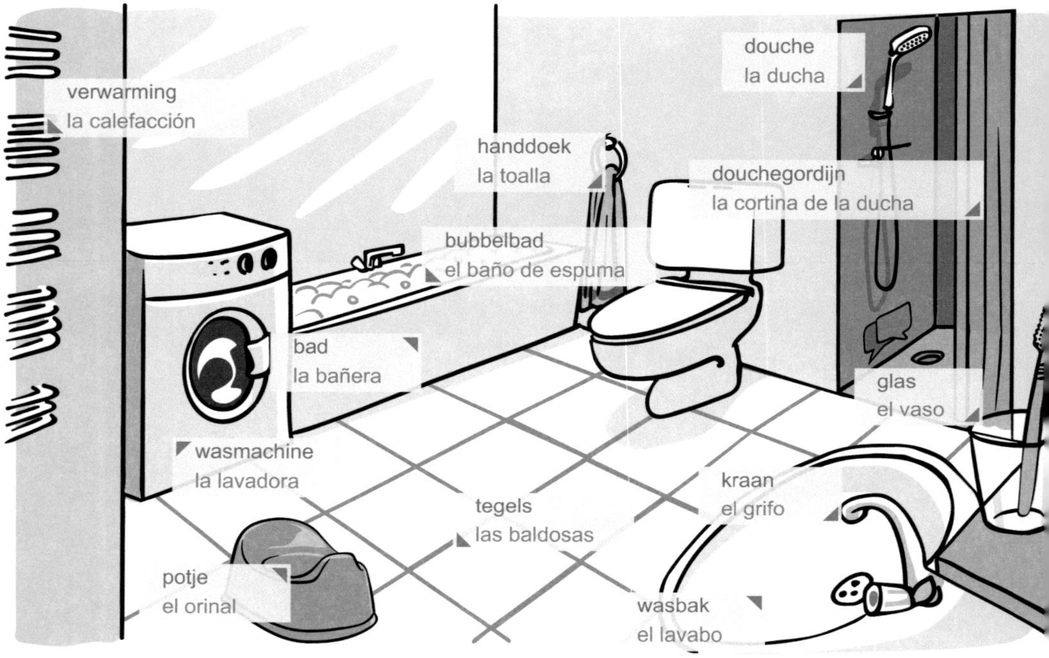

douche
la ducha
verwarming
la calefacción
handdoek
la toalla
douchegordijn
la cortina de la ducha
bubbelbad
el baño de espuma
bad
la bañera
glas
el vaso
wasmachine
la lavadora
kraan
el grifo
tegels
las baldosas
potje
el orinal
wasbak
el lavabo

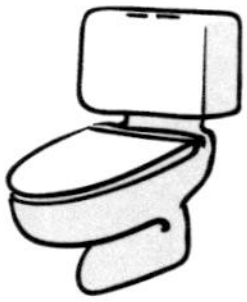

toilet

el inodoro

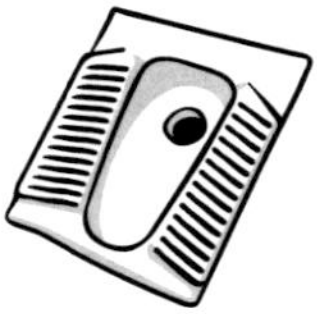

hurktoilet

el inodoro rústico

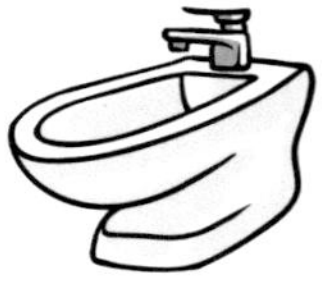

bidet

el bidé

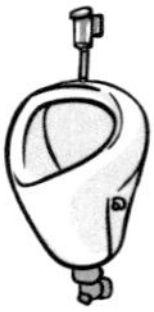

urinoir

el urinario

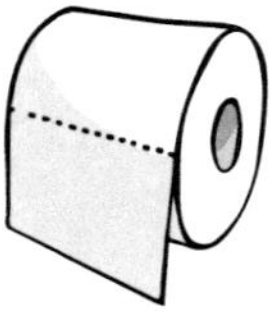

toiletpapier

el papel higiénico

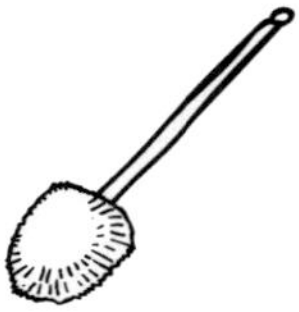

toiletborstel

la escobilla del váter

tandenborstel

el cepillo de dientes

tandpasta

la pasta de dientes

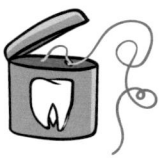

flosdraad

el hilo dental

wassen

lavar

handdouche

la ducha de mano

toiletdouche

la ducha íntima

waskom

la pila

rugborstel

el cepillo de espalda

zeep

el jabón

douchegel

el gel de ducha

shampoo

el champú

washanje

la toallita

afvoer

el desagüe

creme

la crema

deodorant

el desodorante

spiegel

el espejo

make-upspiegel

el espejo de tocador

scheermes

la maquinilla de afeitar

scheerschuim

la espuma de afeitar

aftershave

la loción postafeitado

kam

el peine

borstel

el cepillo

haardroger

el secador

haarspray

la laca

make-up

el maquillaje

lippenstift

el pintalabios

nagellak

el pintauñas

watten

el algodón

nagelschaartje

el cortauñas

parfum

el perfume

toilettas

el estuche de viaje

kruk

la banqueta

weegschaal

la balanza

badjas

el albornoz

rubber handschoenen

los guantes de goma

tampon

el tampón

maandverband

la compresa

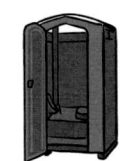

chemisch toilet

el inodoro químico

kinderkamer
la habitación de los niños

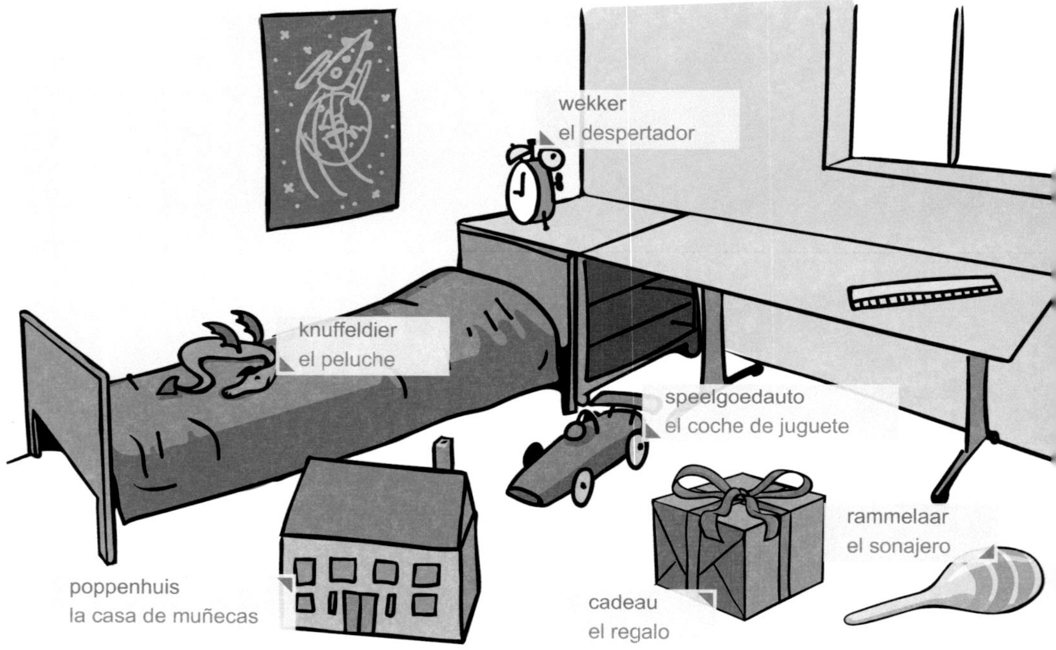
wekker
el despertador
knuffeldier
el peluche
speelgoedauto
el coche de juguete
rammelaar
el sonajero
poppenhuis
la casa de muñecas
cadeau
el regalo

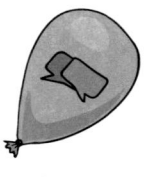

ballon

el globo

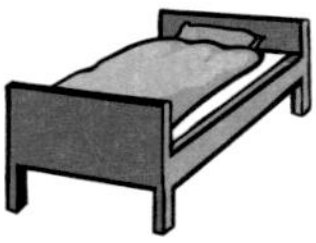

bed

la cama

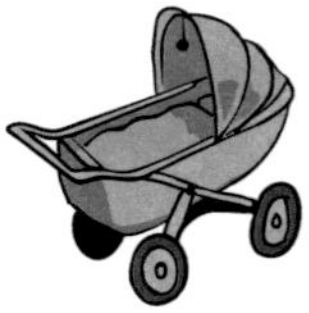

kinderwagen

el coche de niño

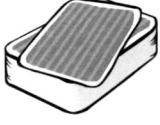

kaartspel

los naipes

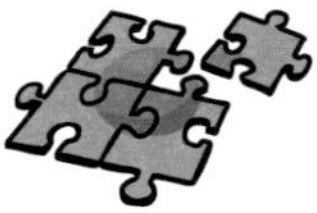

puzzel

el puzle

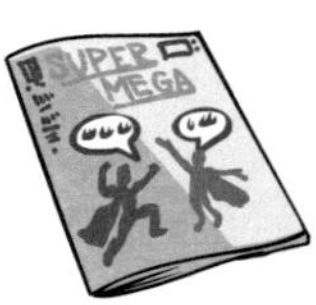
SUPER
MEGA

stripverhaal

el tebeo

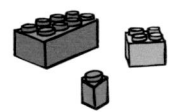

legostenen

las piezas de lego

speelgoedblokken

los bloques de juguete

actiefiguurtje

la figura de acción

romper

el bodi (de bebé)

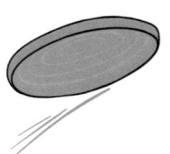

frisbee

el frisbee

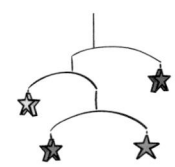

mobile

el colgador móvil para
bebés

bordspel

el juego de mesa

dobbelsteen

los dados

modeltrein

el circuito de tren eléctrico

speen

el maniquí

feestje

la fiesta

prentenboek

el álbum de fotos

bal

la pelota

pop

la muñeca

spelen

jugar

zandbak

el cajón de arena

schommel

el columpio

speelgoed

los juguetes

spelcomputer

la videoconsola

driewieler

el triciclo

teddybeer

el oso de peluche

kleerkast

la guardarropa

kleding

la ropa

sokken

los calcetines

kousen

las medias

panty

los leotardos

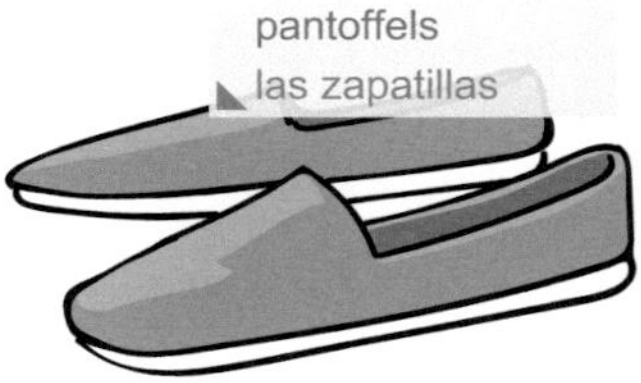

sjaal
la bufanda

paraplu
el paraguas

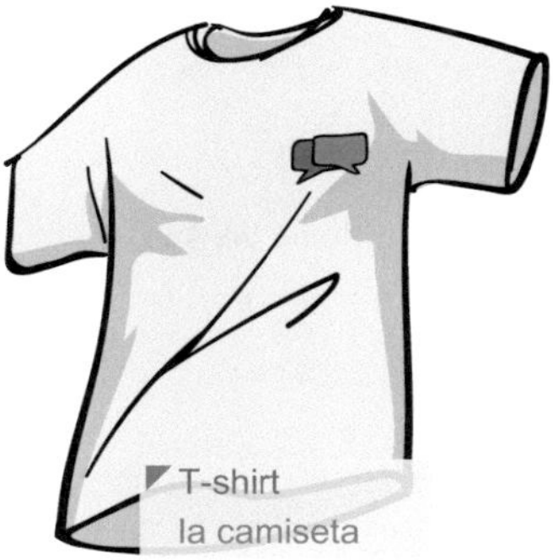

T-shirt
la camiseta

riem
el cinturón

laarzen
las botas

pantoffels
las zapatillas

sportschoenen
las deportivas

sandalen

las sandalias

schoenen

los zapatos

rubberlaarzen

las botas de goma

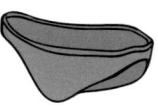

onderbroek

el slip

beha

el sostén

onderhemd

el chaleco

body

el bodi

broek

los pantalones cortos

spijkerbroek

los vaqueros

rok

la falda

blouse

la blusa

overhemd

la camisa

trui

el jersey

hoody

el suéter

blazer

el blazer

jas

la chaqueta

mantel

el abrigo

regenjas

la gabardina

kostuum

el traje

jurk

el vestido

trouwjurk

el vestido de novia

pak

el traje

nachthemd

el camisón

pyjama

el pijama

sari

el sati

hoofddoek

el bandana

tulband

el turbante

boerka

la burka

kaftan

el caftán

abaja

la abaya

zwempak

el traje de baño

zwembroek

el bañador

korte broek

los pantalones cortos

trainingspak

el chándal

schort

el delantal

handschoenen

los guantes

knoop

el botón

bril

las gafas

armband

el brazalete

ketting

el collar

ring

el anillo

oorbel

el pendiente

pet

la gorra

kledinghanger

la percha

hoed

el sombrero

stropdas

la corbata

rits

la cremallera

helm

el casco

bretels

los tirantes

schooluniform

el uniforme

uniform

el uniforme

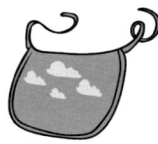

slabbetje

el babero

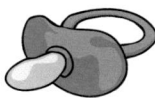

speen

el maniquí

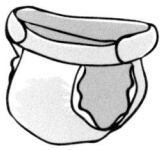

luier

el pañal

kantoor
la oficina

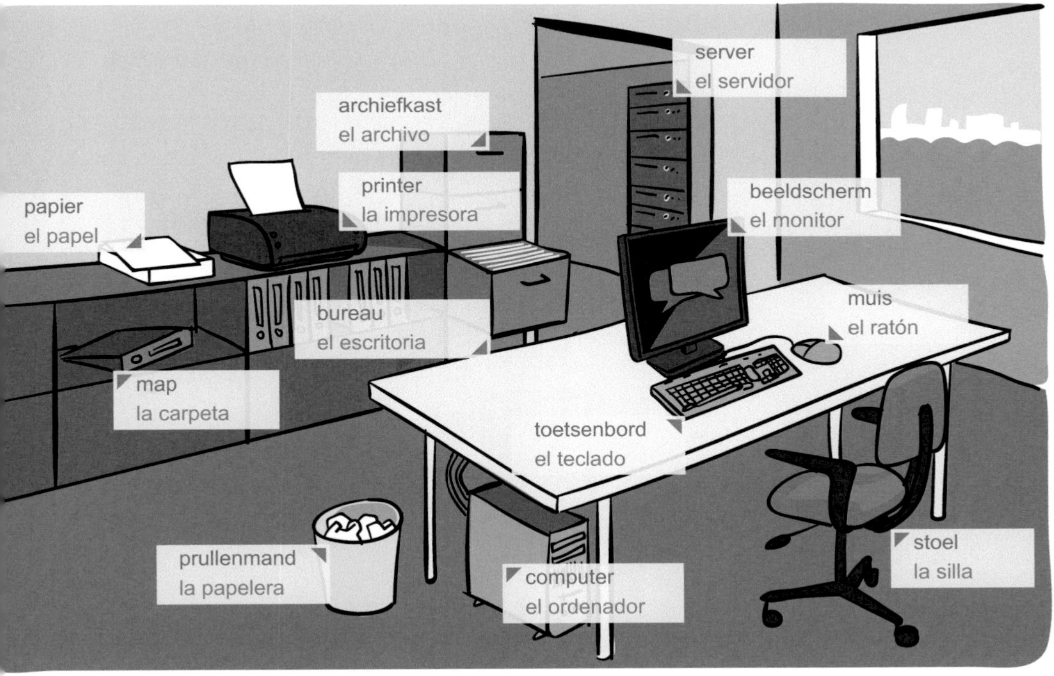
server
el servidor
archiefkast
el archivo
printer
la impresora
papier
el papel
beeldscherm
el monitor
muis
el ratón
bureau
el escritoria
map
la carpeta
toetsenbord
el teclado
prullenmand
la papelera
computer
el ordenador
stoel
la silla

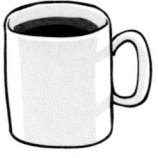

koffiemok

la taza de café

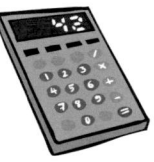

rekenmachine

la calculadora

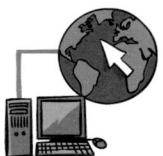

internet

el internet

laptop

el portátil

brief

la carta

bericht

el mensaje

mobiele telefoon

el móvil

netwerk

la red

kopieermachine

la fotocopiadora

software

el software

telefoon

el teléfono

stopcontact

la toma de corriente

fax

el fax

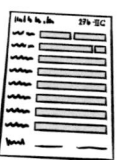

formulier

el formulario

document

el documento

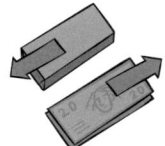

kopen

comprar

betalen

pagar

handel drijven

comerciar

geld

el dinero

dollar

el dólar

euro

el euro

yen

el yen

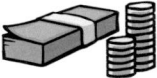

roebel

el rublo

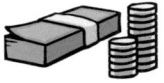

Zwitserse frank

el franco suizo

renminbi yuan

el renminbi yuan

roepie

la rupia

geldautomaat

el cajero automático

wisselkantoor

la oficina de cambio de divisas

goud

el oro

zilver

la plata

olie

el petróleo

energie

la energía

prijs

el precio

contract

el contrato

belasting

el impuesto

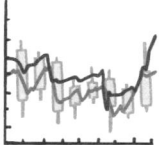

aandeel

la acción

werken

trabajar

werknemer

el empleador

werkgever

el empleador

fabriek

la fábrica

winkel

la tienda de campaña

beroepen
los oficios

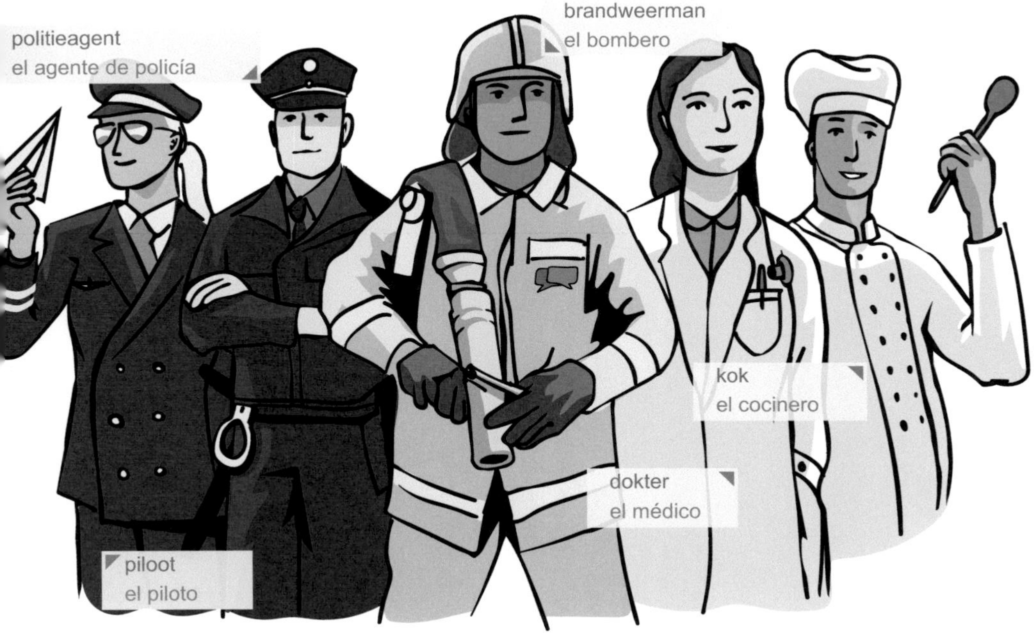
politieagent
el agente de policía
brandweerman
el bombero
kok
el cocinero
dokter
el médico
piloot
el piloto

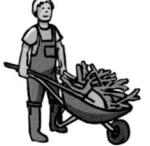

tuinman

el jardinero

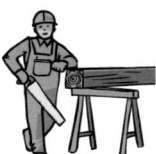

timmerman

el carpintero

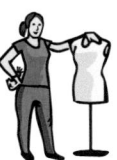

naaister

la costurera

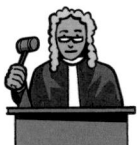

rechter

el juez

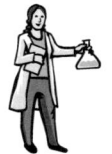

scheikundige

el farmacéutico

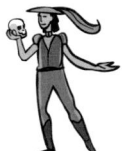

toneelspeler

el actor

buschauffeur

el conductor de autobús

taxichauffeur

el taxista

visser

el pescador

schoonmaakster

la señora de la limpieza

dakdekker

el techador

ober

el camarero

jager

el cazador

schilder

el pintor

bakker

el panadero

elektricien

el electricista

bouwvakker

el obrero

ingenieur

el ingeniero

slager

el carnicero

loodgieter

el fontanero

postbode

el cartero

soldaat

el soldado

architect

el arquitecto

kassier

el cajero

bloemist

el florista

kapper

el peluquero

conducteur

el revisor

monteur

el mecánico

kapitein

el capitán

tandarts

el dentista

wetenschapper

el científico

rabbi

el rabino

imam

el imán

monnik

el monje

pastoor

el sacerdote

gereedschap
las herramientas

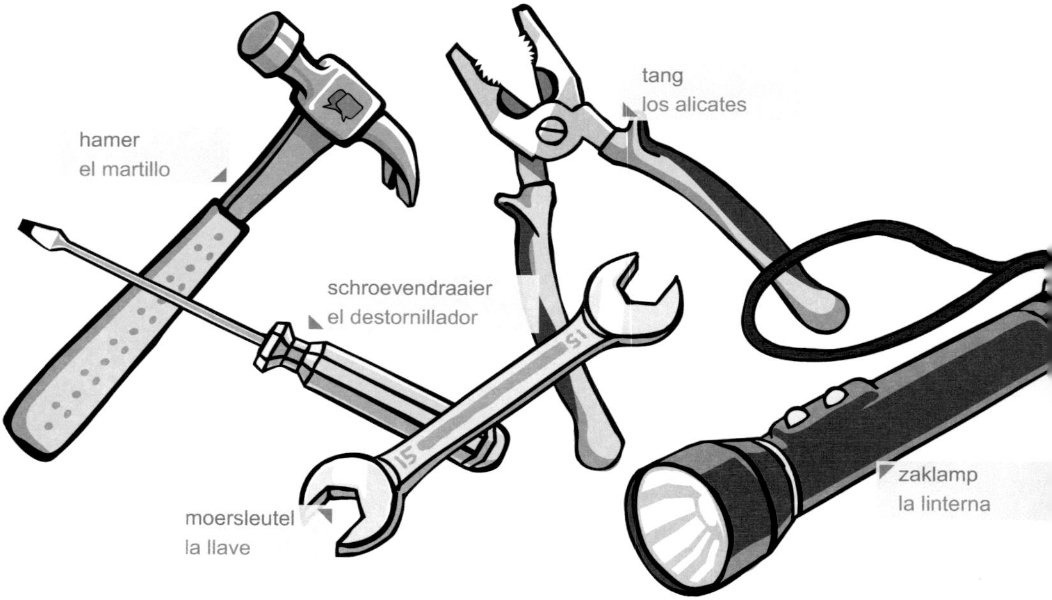
hamer
el martillo
tang
los alicates
schroevendraaier
el destornillador
moersleutel
la llave
zaklamp
la linterna

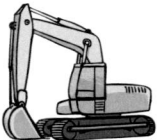

graafmachine

la excavadora

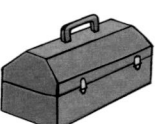

gereedschapskist

la caja de herramientas

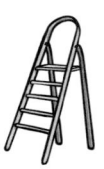

ladder

la escalera de mano

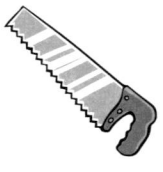

zaag

la sierra

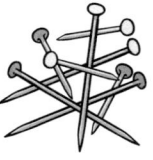

spijkers

los clavos

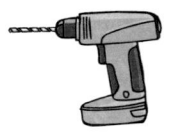

boor

el taladro

repareren

reparar

schep

la pala

Verdorie!

¡Maldita sea!

stofblik

el recogedor

verfpot

el bote de pintura

schroeven

los tornillos

muziekinstrumenten
los instrumentos musicales

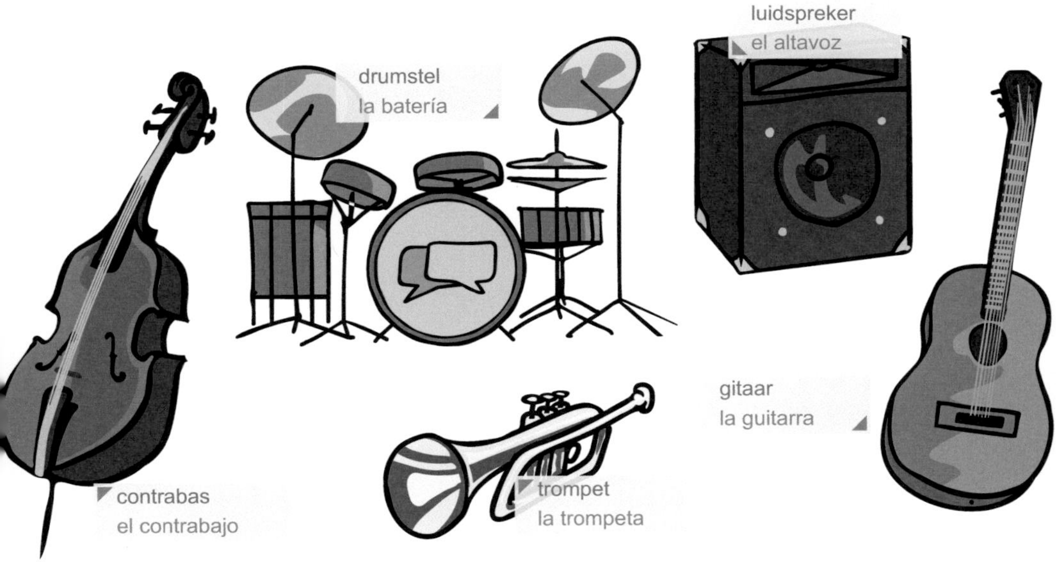

luidspreker
el altavoz

drumstel
la batería

gitaar
la guitarra

contrabas
el contrabajo

trompet
la trompeta

piano

el piano

viool

el violín

bas

bajo

pauk

los timbales

trommel

el tambor

keyboard

el teclado

saxofoon

el saxofón

fluit

la flauta

microfoon

el micrófono

dierentuin

el zoo

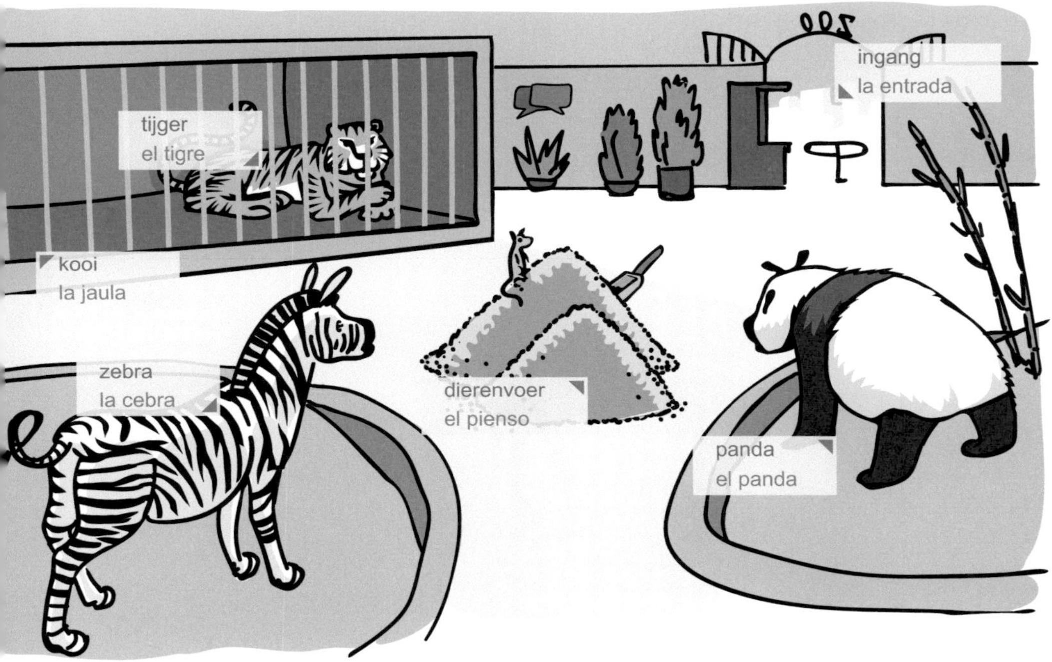
ingang
la entrada
tijger
el tigre
kooi
la jaula
zebra
la cebra
dierenvoer
el pienso
panda
el panda

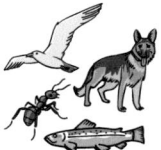

dieren

los animales

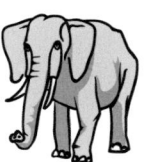

olifant

el elefante

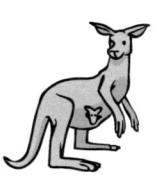

kangoeroe

el canguro

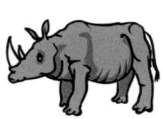

neushoorn

el rinoceronte

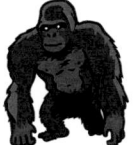

gorilla

el gorila

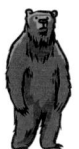

beer

el oso

kameel

el camello

struisvogel

el avestruz

leeuw

el león

aap

el mono

flamingo

el flamingo

papegaai

el loro

ijsbeer

el oso polar

pinguïn

el pingüino

haai

el tiburón

pauw

el pavo real

slang

la serpiente

krokodil

el cocodrilo

dierenverzorger

el guardián de zoológico

zeehond

la foca

jaguar

el jaguar

pony

el poni

luipaard

el leopardo

nijlpaard

el hipopótamo

giraffe

la jirafa

adelaar

el águila

wild zwijn

el jabalí

vis

el pescado

schildpad

la tortuga

walrus

la morsa

vos

el zorro

gazelle

la gacela

American football
el fútbol americano

wielrennen
el ciclismo

tennis
el tenis

basketbal
el baloncesto

zwemmen
la natación

boksen
el boxeo

ijshockey
el hockey sobre hielo

voetbal

el fútbol

badminton

el bádminton

atletiek

el atletismo

handbal

el balonmano

skiën

el esquí

polo

el polo

activiteiten
las actividades

lachen
reír
springen
saltar
knuffelen
abrazar
lopen
caminar
zingen
cantar
dromen
soñar
bidden
rezar
kussen
besar

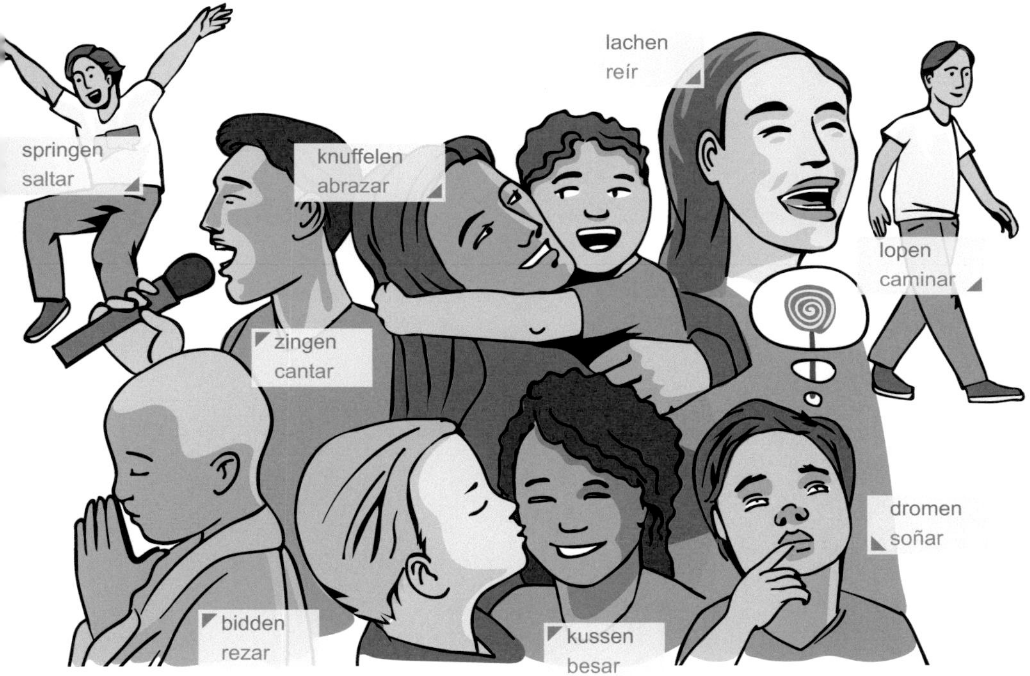

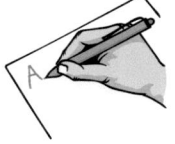

schrijven
escribir

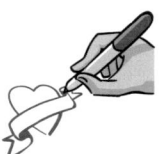

tekenen
dibujar

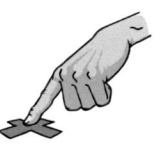

tonen
mostrar

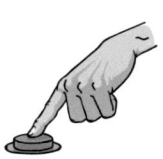

duwen
empujar

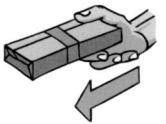

geven
dar

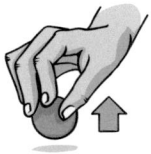

oppakken
tomar

hebben
tener

doen
hacer

zijn
ser

staan
estar de pie

rennen
correr

trekken
tirar

gooien
tirar

vallen
caer

liggen
yacer

wachten
esperar

dragen
llevar

zitten
estar sentado

aankleden
vestirse

slapen
dormir

wakker worden
despertar

bekijken

mirar

huilen

llorar

strelen

acariciar

kammen

peinar

praten

hablar

begrijpen

entender

vragen

preguntar

horen

escuchar

drinken

beber

eten

comer

opruimen

ordenar

houden van

amar

koken

cocinar

rijden

conducir

vliegen

volar

zeilen

navegar

rekenen

calcular

lezen

leer

leren

aprender

werken

trabajar

trouwen

casarse

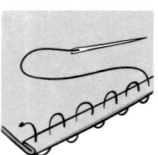

naaien

coser

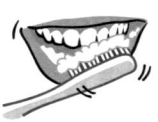

tandenpoetsen

cepillarse los dientes

doden

matar

roken

fumar

verzenden

enviar

grootmoeder
la abuela

grootvader
el abuelo

vader
el padre

moeder
la madre

baby
el bebé

dochter
la hija

zoon
el hijo

gast

el invitado

tante

la tía

oom

el tío

broer

el hermano

zus

la hermana

lichaam

el cuerpo

voorhoofd
la frente
oog
el ojo
schouder
el hombro
vinger
el dedo
gezicht
la cara
kin
la barbilla
hand
la mano
been
la pierna
borst
el pecho
arm
el brazo

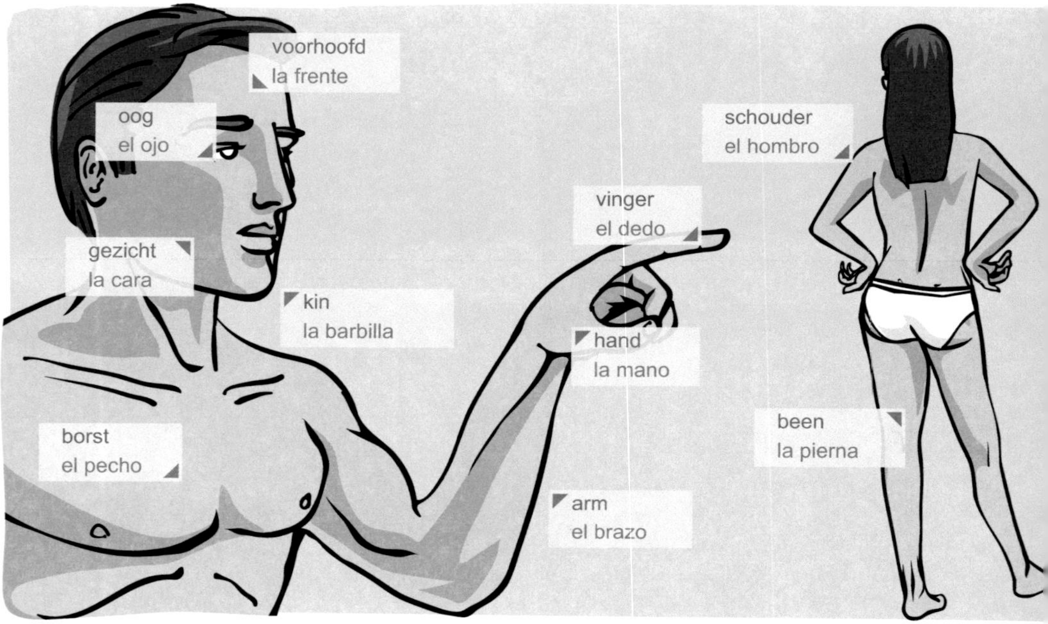

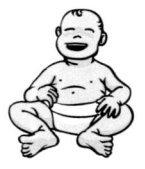

baby

el bebé

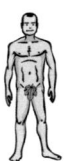

man

el hombre

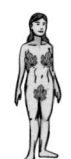

vrouw

la mujer

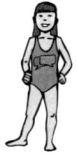

meisje

la chica

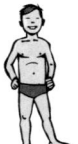

jongen

el chico

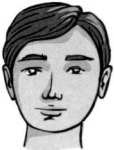

hoofd

la cabeza

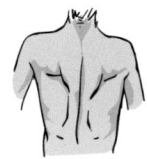

rug

la espalda

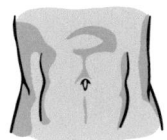

buik

el vientre

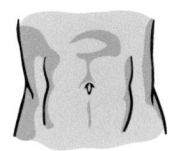

navel

el ombligo

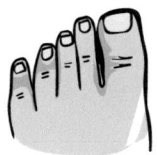

teen

el dedo del pie

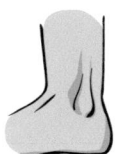

hiel

el talón

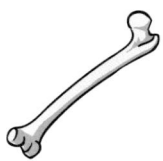

bot

el hueso

heup

la cadera

knie

la rodilla

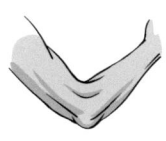

elleboog

el codo

neus

la nariz

achterwerk

el trasero

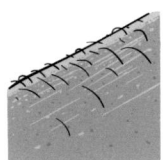

huid

la piel

wang

la mejilla

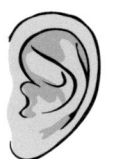

oor

el oído

lippen

el labio

mond

la boca

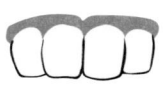

tand

el diente

tong

la lengua

hersenen

el cerebro

hart

el corazón

spier

el músculo

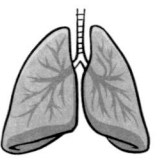

long

el pulmón

lever

el hígado

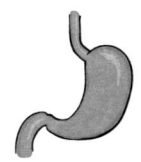

maag

el estómago

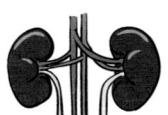

nieren

los riñones

geslachtsgemeenschap

el sexo

condoom

el condón

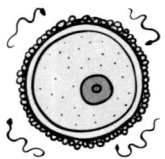

eicel

el ovario

sperma

el semen

zwangerschap

el embarazo

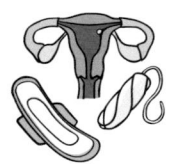

menstruatie

la menstruación

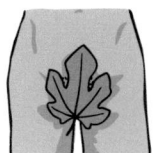

vagina

la vagina

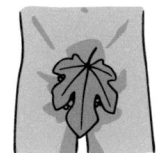

penis

el pene

wenkbrauw

la ceja

haar

el pelo

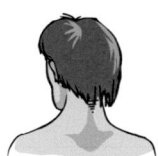

hals

el cuello

ziekenhuis

el hospital

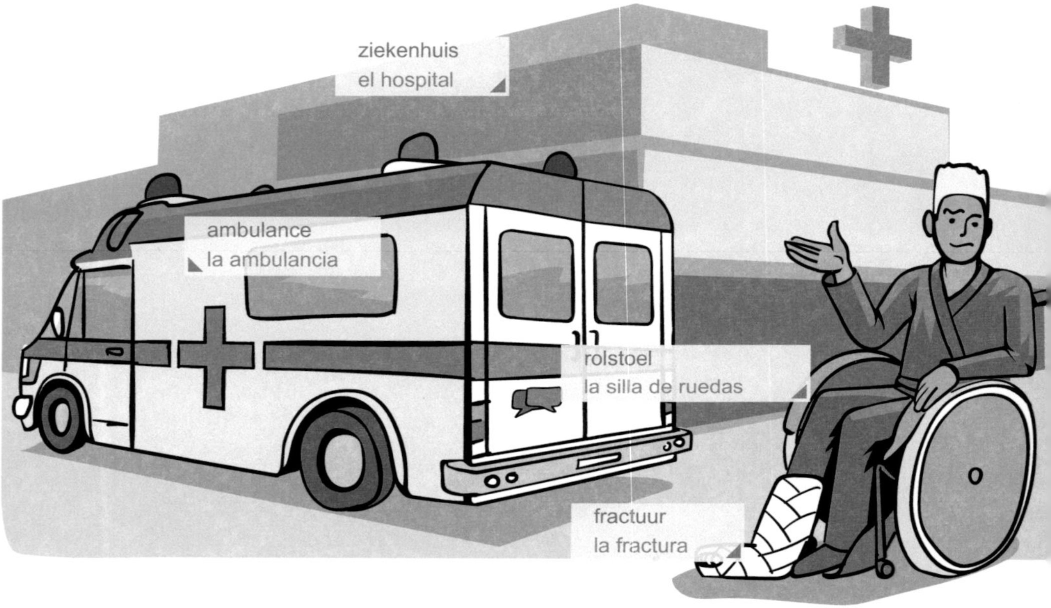

ziekenhuis
el hospital
ambulance
la ambulancia
rolstoel
la silla de ruedas
fractuur
la fractura

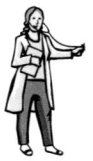

dokter

el médico

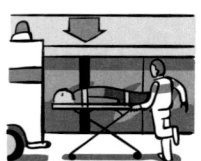

EHBO

la sala de urgencias

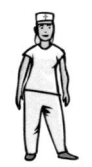

verpleegster

la enfermera

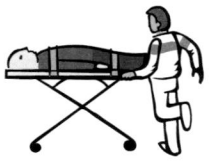

noodgeval

la urgencia

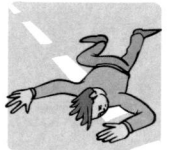

bewusteloos

inconsciente

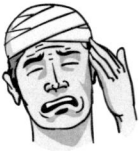

pijn

el dolor

verwonding

la lesión

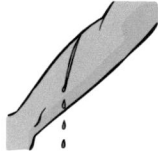

bloeding

la hemorragia

hartaanval

el infarto

beroerte

el ictus

allergie

la alergia

hoest

la tos

koorts

la fiebre

griep

la gripe

diarree

la diarrea

hoofdpijn

el dolor de cabeza

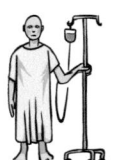

kanker

el cáncer

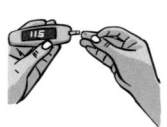

diabetes

la diabetes

chirurg

el cirujano

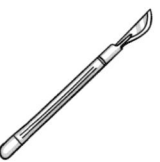

scalpel

el bisturí

operatie

la operación

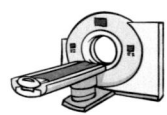

CT
TAC

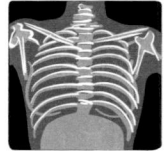

röntgen
los rayos x

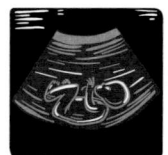

echografie
el ultrasonido

gezichtsmasker
la mascarilla

ziekte
la enfermedad

wachtkamer
la sala de espera

kruk
la muleta

pleister
la tirita

verband
la venda

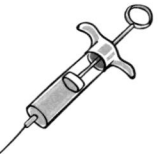

injectie
la inyección

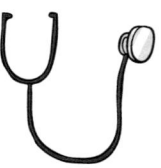

stethoscoop
el estetoscopio

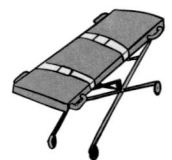

brancard
la camilla

thermometer
el termómetro

geboorte
el nacimiento

overgewicht
el sobrepeso

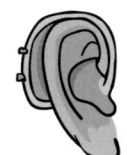

gehoorapparaat

el audífono

ontsmettingsmiddel

el desinfectante

infectie

la infección

virus

el virus

HIV / AIDS

VIH / SIDA

medicijn

la medicina

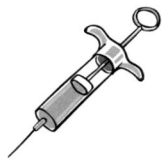

inenting

la vacunación

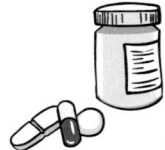

tabletten

las tabletas

pil

la pastilla

alarmnummer

la llamada de urgencia

bloeddrukmeter

el tensiómetro

ziek / gezond

enfermo / sano

Help!

¡Socorro!

alarm

la alarma

overval

el asalto

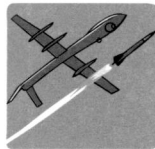

aanval

el ataque

gevaar

el peligro

nooduitgang

la salida de emergencia

Brand!

¡Fuego!

brandblusser

el extintor de incendios

ongeluk

el accidente

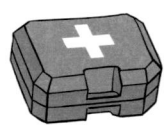

EHBO-koffer

el botiquín de primeros auxilios

SOS

SOS

politie

la policía

Europa

Europa

Noord-Amerika

Norteamérica

Zuid-Amerika

Sudamérica

Afrika

África

Azië

Asia

Australië

Australia

Atlantische Oceaan

el atlántico

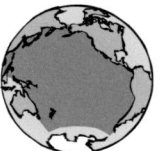

Stille Oceaan

el Pacífico

Indische Oceaan

el Océano Índico

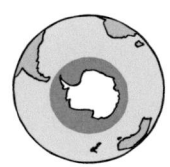

Zuidelijke Oceaan

el Océano Antártico

Noordelijke IJszee

el Océano Ártico

Noordpool

el polo norte

Zuidpool

el polo sur

Antarctica

La Antártida

aarde

la tierra

land

la tierra

zee

el mar

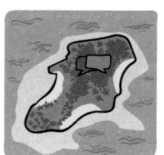

eiland

la isla

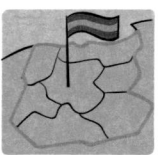

natie

la nación

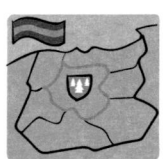

staat

el estado

wijzerplaat

la esfera

uurwijzer

la manecilla de las horas

minutenwijzer

el minutero

secondewijzer

el segundero

Hoe laat is het?

¿Qué hora es?

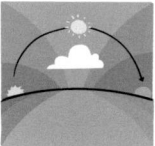

dag

el día

tijd

el tiempo

nu

ahora

digitaal horloge

el reloj digital

minuut

el minuto

uur

la hora

week
la semana

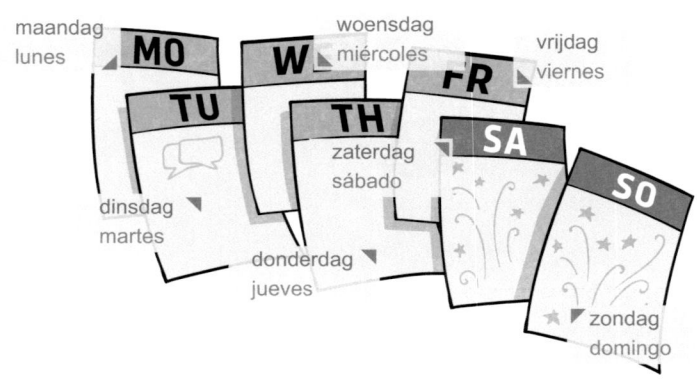

maandag — lunes
dinsdag — martes
woensdag — miércoles
donderdag — jueves
vrijdag — viernes
zaterdag — sábado
zondag — domingo

gisteren
ayer

vandaag
hoy

morgen
mañana

ochtend
la mañana

middag
el mediodía

avond
la tarde

werkdagen
los días laborables

weekend
el fin de semana

jaar
el año

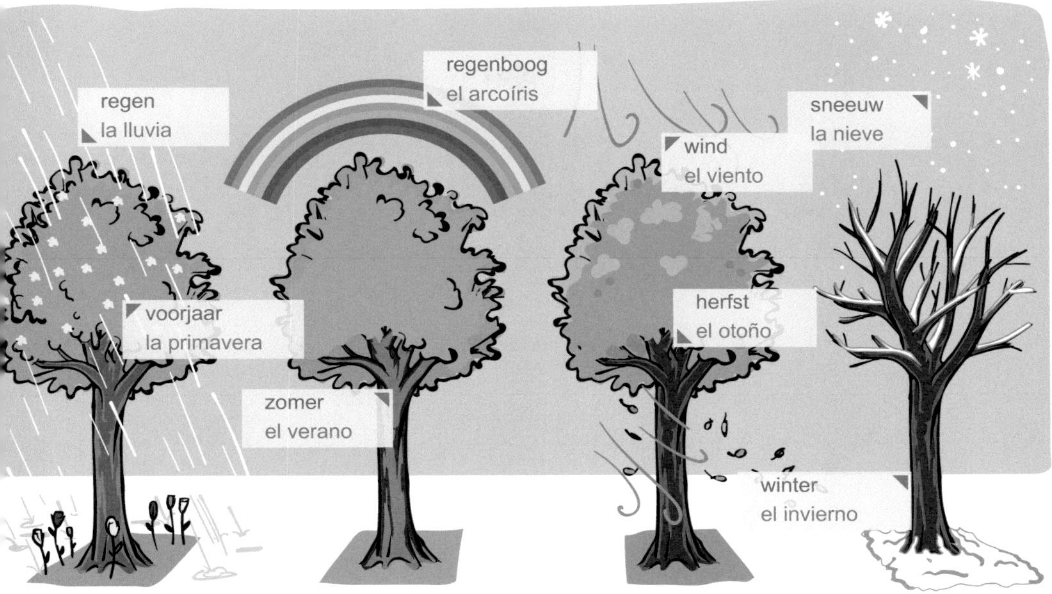

regen
la lluvia

regenboog
el arcoíris

wind
el viento

sneeuw
la nieve

voorjaar
la primavera

herfst
el otoño

zomer
el verano

winter
el invierno

weerbericht
el pronóstico del tiempo

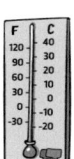

thermometer
el termómetro

zonneschijn
el sol

wolk
la nube

mist
la niebla

luchtvochtigheid
la humedad

bliksem

el rayo

donder

el trueno

storm

la tormenta

hagel

el granizo

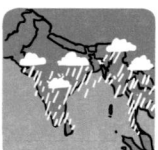

moesson

el monzón

overstroming

la inundación

ijs

el hielo

januari

enero

februari

febrero

maart

marzo

april

abril

mei

mayo

juni

junio

juli

julio

augustus

agosto

september
septiembre

oktober
octubre

november
noviembre

december
diciembre

cirkel
el círculo

vierkant
el cuadrado

rechthoek
el rectángulo

driehoek
el triángulo

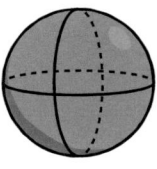

bol
la esfera

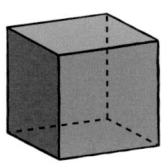

kubus
el cubo

wit

blanco

geel

amarillo

oranje

anaranjado

roze

rosa

rood

rojo

paars

morado

blauw

azul

groen

verde

bruin

marrón

grijs

gris

zwart

negro

veel / weinig

mucho / poco

boos / rustig

enojado / tranquilo

mooi / lelijk

bonito / feo

begin / einde

principio / fin

groot / klein

grande / pequeño

licht / donker

claro / oscuro

broer / zus

el hermano / la hermana

schoon / vies

limpio / sucio

volledig / onvolledig

completo / incompleto

dag/ nacht

el día / la noche

dood / levend

muerto / vivo

breed / smal

ancho / estrecho

eetbaar / oneetbaar

comestible / no comestible

gemeen / aardig

malo / amable

opgewonden / verveeld

entusiasmado / aburrido

dik / dun

gordo / delgado

eerste / laatste

primero / último

vriend / vijand

el amigo / el enemigo

vol / leeg

lleno / vacío

hard / zacht

duro / blando

zwaar / licht

pesado / ligero

honger / dorst

el hambre / la sed

ziek / gezond

enfermo / sano

illegaal / legaal

ilegal / legal

intelligent / dom

inteligente / tonto

links / rechts

izquierda / derecha

dichtbij / ver

cerca / lejos

nieuw / gebruikt

nuevo / usado

niets / iets

nada / algo

oud / jong

viejo / joven

aan / uit

encendido / apagado

open / gesloten

abierto / cerrado

zacht / luid

silencioso / ruidoso

rijk / arm

rico / pobre

goed / fout

correcto / incorrecto

ruw / glad

áspero / suave

verdrietig / gelukkig

triste / contento

kort / lang

corto / largo

langzaam / snel

lento / rápido

nat / droog

húmedo / seco

warm / koel

cálido / frío

oorlog / vrede

guerra / paz

0	**1**	**2**
nul	één	twee
cero	uno	dos

3	**4**	**5**
drie	vier	vijf
tres	cuatro	cinco

6	**7**	**8**
zes	zeven	acht
seis	siete	ocho

9	**10**	**11**
negen	tien	elf
nueve	diez	once

12

twaalf

doce

13

dertien

trece

14

veertien

catorce

15

vijftien

quince

16

zestien

dieciséis

17

zeventien

diecisiete

18

achttien

dieciocho

19

negentien

diecinueve

20

twintig

veinte

100

honderd

cien

1.000

duizend

mil

1.000.000

miljoen

el millón

getallen - los números

Engels

el inglés

Amerikaans Engels

el inglés americano

Chinees Mandarijn

el chino madarín

Hindi

el hindi

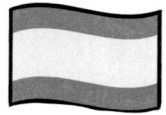

Spaans

el español

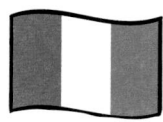

Frans

el francés

Arabisch

el árabe

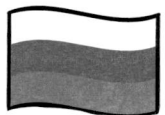

Russisch

el ruso

Portugees

el portugués

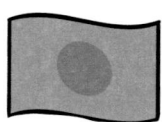

Bengalees

el bengalí

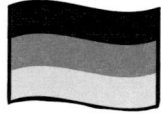

Duits

el alemán

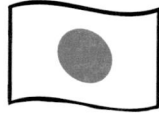

Japans

el japonés

ik

yo

jij

tú

hij / zij / het

él / ella / ello

wij

nosotros/as

jullie

vosotros/as

zij

ellos/as

wie?

¿quién?

wat?

¿qué?

hoe?

¿cómo?

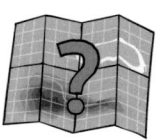

waar?

¿dónde?

wanneer?

¿cuándo?

naam

el nombre

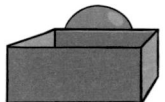

achter

detrás

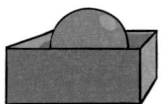

in

en

voor

delante de

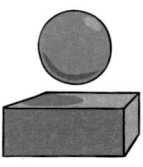

boven

por encima de

op

sobre

onder

debajo de

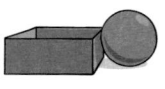

naast

junto a

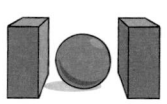

tussen

entre

plaats

el lugar